# BEI GRIN MACHT SICH IHR WISSEN BEZAHLT

AF154087

- Wir veröffentlichen Ihre Hausarbeit,
  Bachelor- und Masterarbeit

- Ihr eigenes eBook und Buch -
  weltweit in allen wichtigen Shops

- Verdienen Sie an jedem Verkauf

## Jetzt bei www.GRIN.com hochladen und kostenlos publizieren

# Die Ordnungspolizei zur NS-Zeit und die Schuldfrage. Eine Beurteilung der Beteiligung

Fabian Lenz

**Bibliografische Information der Deutschen Nationalbibliothek:**

Die Deutsche Nationalbibliothek verzeichnet diese Publikation in der Deutschen Nationalbibliografie; detaillierte bibliografische Daten sind im Internet über http://dnb.d-nb.de abrufbar.

ISBN: 9783346371737
Dieses Buch ist auch als E-Book erhältlich.

© GRIN Publishing GmbH
Nymphenburger Straße 86
80636 München

Druck und Bindung: Books on Demand GmbH, Norderstedt Germany
Gedruckt auf säurefreiem Papier aus verantwortungsvollen Quellen

Das Buch bei GRIN: https://www.grin.com/document/999389

Fabian Lenz

# „Ordnungspolizei und die Schuldfrage

# Inhaltsverzeichnis

# Einleitung

„Polizei – Dein Freund und Helfer" dieses, gemeinhin dem sozialdemokratischen Innenminister Carl Severing zugeschriebene, Zitat findet sich auch heute noch in den Köpfen der meisten Bundesbürger wieder. Dabei war es erst Heinrich Himmler, welcher als Reichsführer SS und Chef der deutschen Polizei, in seiner Rede vom 17.12.1934, den Spruch wieder aufgriff und damit wirklich Publik machte. Sein Ziel war es hierbei, mittels einer aufwendigen Medienkampagne, der Polizei zu einem besseren Ansehen zu verhelfen und insbesondere Volksnähe, (im nationalsozialistischen Sinne) gegenüber dem, wortwörtlich, eher distanzierten Verhältnis aus der wilhelminischen Ära, zu demonstrieren. Hierzu wurde die enorme Propagandamaschinerie der Nationalsozialisten bemüht und u.a. zahllose Plakate im gesamten Reich, mit entsprechendem Inhalt, veröffentlicht.

Auch in dieser Hausarbeit soll es um das Image jener Polizei zu Zeiten der NS-Herrschaft gehen, denn während Hitlers Schutzstaffel und auch die Truppen der deutschen Wehrmacht, innerhalb der breiten Bevölkerung, mittlerweile als Täter bekannt sind, wurde die Untersuchung der Polizeiverbände bisweilen sträflich vernachlässigt. Die vorliegende Arbeit soll sich deshalb mit der deutschen Ordnungspolizei und der Frage nach ihrer (Mit-)Schuld an den Kriegsverbrechen des Zweiten Weltkrieges befassen.

Hierzu muss zunächst geklärt werden, welche Institution konkret im Fokus dieser Beurteilung steht, ehe anhand einschlägiger Schriften, welche mitunter anhand von Einzelfallbeispielen Auskunft über die ideologische Einstellung, als auch die praktische Arbeit und etwaige Verbrechen der Truppe liefern sollen.

Nach der Untersuchung jener Schriftzeugnisse wird es schließlich um die Beurteilung gehen, inwieweit das Bild vom tüchtigen, braven und volksnahen Ordnungshüter Bestand hat oder es sich vielleicht doch um eine eiskalte Truppe von professionalisierten Mördern handelt.

Als Quellen dienen hier die Werke ausgewiesener Experten in der Thematik Ordnungspolizei & Holocaust, wie Stefan Klemp, Wolfgang Curilla und Christopher Browning, welche umfassende Arbeiten zum Wirken der deutschen Polizei im gesamten europäischen Raum vorgelegt haben. Ebenso werden auch ältere oder umstrittenere Werke, wie die Schriften Georg Tessins oder Daniel Jonah Goldhagens zur Klärung der vorliegenden Forschungsfrage herangezogen.

Aufgrund der Forschungslage werden einige der verwendeten Texte sehr aktuelle Erkenntnisse berücksichtigen, wenngleich die unzureichende Aufarbeitung des Themas in den vergangenen Jahrzehnten sowie die schwere Beweislage hinsichtlich der oft nur persönlich oder telefonisch ausgesprochenen Mordbefehle, nur einen vergleichsweise überschaubaren Fundus an wissenschaftlicher Literatur zu dieser Thematik ermöglicht haben.

# Polizei im NS-Staat

Wichtig zur Klärung der Schuldfrage ist es zunächst aufzuzeigen, wie der eigentliche Täterkreis aussah, welcher in dieser Arbeit untersucht werden soll.

## Struktur der Polizei

Hierzu ist es erforderlich sich mit den Strukturen der deutschen Polizei zu Zeiten der NS-Herrschaft bzw. des Zweiten Weltkriegs (1939-1945) vertraut zu machen. So wurde noch zu Zeiten der Weimarer Republik, Anfang der 1920er Jahre, die überwiegend kommunal agierenden Polizeistellen in landespolizeiliche Organisationen umgewandelt, welche sich im Wesentlichen in 3 Bereiche gliederten[1]:

- Die Verwaltungspolizei, welche sich wie, es der Name suggeriert, mit Aufgaben verwaltungstechnischer Natur (Pass-/Meldewesen, Zulassung von Kraftfahrzeugen, Führerscheinausgabe, Konzessionierung/Überwachung von Betrieben, Personen- und Gütertransport) befasste.[2]

- Die Schutzpolizei, typische „uniformierte Beamte", welche üblicherweise auf der Straße oder in entsprechenden Dienststellen mit der alltäglichen Verbrechensbekämpfung betraut sind. (Streifendienst, Aufnahme und Bearbeitung von Strafanzeigen, Verkehrsüberwachung, Überwachung der Einhaltung des Landfriedens, Fahndungen etc). Wichtig ist noch zu erwähnen, dass sich damals Mitglieder der Schutzpolizei überwiegend aus Veteranen des „großen Kriegs" oder Mitgliedern paramilitärischer Freikorps rekrutierten, welche damals gegen zumeist linksradikale Aufstände vorgingen.[3]

- Die Kriminal- und politische Polizei, deren vornehmliche Aufgabe darin besteht strafbare Handlungen aufzudecken, zu erforschen und zu verfolgen. Des Weiteren zählten zu den Aufgaben die Kriminalprävention, Identitätsfeststellung, Überwachung, Unterstützung der Staatsanwaltschaft und Festsetzung der Richtlinien über die Aus- und Weiterbildung von Polizeibeamten.[4]

---

[1] Wilhelm, Polizei im NS-Staat, S. 22ff.; dazu: Neufeldt, Entstehung und Organisation des Hauptamtes Ordnungspolizei, S. 5.; dazu Lichtenstein, Himmlers grüne Helfer, S. 18f.
[2] Ebd. S. 24.
[3] Ebd. S. 24ff.; dazu: Browning, Ganz normale Männer, S. 23.
[4] Wilhelm, Polizei im NS-Staat, S. 26ff.

Ausgehend von dieser Gliederung, machten sich die Nationalsozialisten im Zuge der staatlichen Gleichschaltung daran, die Polizei weiter zu zentralisieren und in ihrem Sinne umzustrukturieren. Wesentliche Schritte, die hier zu nennen sind, wären:

- Die sogenannte Reichstagsbrandverordnung vom 28.2.1933, welche in der Folge wichtige verfassungsmäßige Grundrechte außer Kraft setzte, die da wären: *Freiheit der Person, Unverletzlichkeit der Wohnung, Briefgeheimnis, Recht auf freie Meinungsäußerung, Versammlungsrecht, Recht zur Bildung von Vereinen, Unverletzlichkeit des Eigentums*. Auch ermöglichte dies die Bestimmung von Reichskommissaren, durch den (nationalsozialistischen) Reichsinnenminister Wilhelm Frick.

  Diese hatten fortan weitreichende Befugnisse in ihren jeweiligen Ländern, um die „Wiederherstellung der öffentlichen Sicherheit und Ordnung" zu gewährleisten.

  So ernannte der am 9. März berufene bayerische Reichskommissar Franz Xaver Ritter von Epp, im Rahmen seines Amtes noch am selbigen Tag den Reichsführer SS, Heinrich Himmler, zum kommissarischen Leiter der Polizeidirektion München.[5]

- Ein Erlass im Februar 1933, in welchem Hermann Göring als preußischer Innenminister die Aufstellung einer aus SS, SA & Stahlhelm zu rekrutierenden Hilfspolizei verfügte. Truppenverbände also, welche zumeist für den Schutz von NS-Veranstaltungen & Organisationen genutzt wurden und so die Grenze zwischen staatlicher Exekutive und paramilitärischen Parteiorganisationen verschwimmen ließen. Andere Länder folgten diesem Vorbild zeitnah.[6]

- Das Gleichschaltungsgesetz vom 31. März 1933, welches die Zusammensetzung der Landesparlamente zu Gunsten der Nationalsozialisten veränderte und Landesparlamenten Gesetzgebungskompetenz einräumte.

  Sowie dem 2. Gleichschaltungsgesetz vom 7. April 1933 welches die Reichsregierung ermächtigte Reichsstatthalter mit diktatorischen Befugnissen (weitgehend eigenmächtige Herrschaft über die Landesparlamente) einzusetzen.[7]

---

[5] Ebd. S. 39f.; dazu: Lichtenstein, Himmlers Helfer, S. 21; dazu: Bollmann, Die Deutsche Polizei im Nationalsozialismus, 1. Infiltration und Machtübernahme u. 2. Die Separation der Politischen Polizei und die Gründung der Gestapo.

[6] Ebd. S. 38 u. 47f.; dazu: Deppisch, Täter auf der Schulbank, S. 65f.

[7] Wilhelm, Polizei im NS-Staat, S. 60f.; dazu: Lichtenstein, Himmlers Helfer, S. 20.

- Die Übernahme der Politischen Polizei am 30.1.1933, welche umstrukturiert wurde und ab dem 1.3.1935 auch offiziell unter dem Namen Geheimen Staatspolizei (Gestapo) kriminalpolizeiliche Aufgaben mit besonderem Fokus auf politische (Straf-)verfolgung übernahm. Am 20. April 1933 wurde zudem Himmler zum Inspekteur und stellvertretender Chef der (preußischen) Gestapo ernannt, welcher seinerseits Kompetenzen an den Chef der bayerischen politischen Polizei (und des SS-Sicherheitsdiensts), Reinhard Heydrich delegierte und diesen folglich zum Leiter der Gestapo machte. Mit dem Gesetz vom 26. April 1933 wurde die Gestapo schließlich aus dem regulären Polizeiapparat ausgegliedert und in den Verwaltungsbereich des neuen „Geheimen Staatspolizeiamtes" überführt, gefolgt vom 2. Gestapo-Gesetz des 30. November 1933, welches die Gestapo schließlich zu einem völlig selbstständigen Zweig der inneren Verwaltung erhob. Alsbald folgte schließlich die Konsolidierung der meisten anderen Länder des Reiches im Winter 33/34, welche somit auch ihre „Politische Polizei"-Abteilungen in eine Gestapo nach preußischem Vorbild umgestalteten.[8]

- Parallel diente das am 7.4.1933 erlassene „Gesetz zur Wiederherstellung des Berufsbeamtentums" dazu, im nationalsozialistischen Sinne untaugliche (also nichtarische oder politisch anders orientierte) aus dem Beamtenverhältnis zu entlassen und zeitgleich wiederum zahlreiche Posten mit parteitreuen Polizisten zu besetzen.[9]

- Bestandteil dieser Umstrukturierung war auch ein Erlass des Reichsinnenministers Wilhelm Frick vom 16.3.1936, später nahezu identisch übernommen von Heinrich Himmler, in welchem er Charakteristika für angehende Offiziere und Unteroffiziere darlegt. Diese mussten neben der üblichen körperlichen Eignung und sportlichen Leistungsfähigkeit, ihre arische Abstammung belegen können, einen zweijährigen Wehrdienst abgeleistet haben (ab März 1935 galt die allgemeine Wehrpflicht), mussten Zugehörigkeit zur NSDAP oder einer ihrer Unterorganisationen nachweisen, sprich loyale Nationalsozialisten sein und selbst dann war es in letzter Instanz der Reichsführer-SS bzw. andere ranghohe Polizisten/Nationalsozialisten, welche unter

---

[8] Ebd. S. 40ff., 72 u. 78ff.; dazu: Lichtenstein, Himmlers Helfer, S. 21; dazu: Dams/Köhler, Spannungsfeld der Umbrüche, S. 24ff.; dazu: Bollmann, Die Deutsche Polizei im Nationalsozialismus, 2. Die Separation der Politischen Polizei und die Gründung der Gestapo.
[9] Ebd. S. 40; dazu: Kopitzsch, Hamburger Polizeibataillone, S. 254f.

7

allen in Frage kommenden Bewerbern diejenigen heraussuchten, die ihrer Meinung nach für eine entsprechende Ausbildung in Frage kamen.[10]

- Am 17. Juni 1936 schließlich wurde der Reichsführer SS, Heinrich Himmler, per Erlass zum Chef der Deutschen Polizei (im Reichsministerium des Inneren) ernannt. In dieser Funktion verfügte er am 26. Juni 1936 die Aufteilung/Neuordnung der polizeilichen Geschäftsbereiche.

Kraft dieses Erlasses gliederte sich die Polizei im NS-Staat fortan in Ordnungspolizei und Sicherheitspolizei.[11]

Die Aufgaben, welche dieser neuen „Ordnungspolizei" zugedacht waren, sind wohl am ehesten mit denen der Schutzpolizei zu Zeiten der Weimarer Republik zu vergleichen.

So gab es noch die klassische „Schutzpolizei", welche in den Städten des Reichs für Sicherheit zu sorgen hatte.

Auf dem Land hingegen setzte man zu gleichem Zwecke die „Gendarmerie" ein, wobei die „motorisierte Gendarmerie" zudem mit der Überwachung des Verkehrs betraut war.

Ebenso gab es noch eine „Verwaltungspolizei", welche jedoch primär für Aufgaben der Wohlfahrtspflege herangezogen wurde, wohingegen das Pass-/Meldewesen und andere essenzielle Tätigkeiten der alten Verwaltungspolizei von den Beamten der Sicherheitspolizei übernommen wurden.[12]

So zeigt sich bereits strukturell, dass die gesamte deutsche Polizei einem rapiden Wandel nach der Machtergreifung der Nationalsozialisten unterzogen wurde. In jedem Fall kann man sagen, dass die politische und polizeiliche Führungsebene ausgetauscht wurde, wichtige Schlüsselpositionen an regimetreue Unterstützer vergeben, aber sicherlich auch unter den einfachen Polizisten, ein merklicher Wechsel stattgefunden haben muss.

Rein strukturell handelt es sich dadurch zunächst noch keineswegs um ausgewiesene Mord-Kommandos, doch die enge Verknüpfung staatlicher Exekutive mit der Partei begünstigt sicherlich eine tendenziöse Radikalisierung zu Gunsten der NS-Ideologie.[13]

---

[10] Deppisch, Täter auf der Schulbank, S. 159ff.
[11] Wilhelm, Polizei im NS-Staat, S. 76; dazu: Deppisch, Täter auf der Schulbank, S. 67.
[12] Ebd. S. 83ff.; dazu: Deppisch, Täter auf der Schulbank, S. 68ff.; dazu: Diercks Hamburger Ordnungs- und Schutzpolizei, S. 24ff.
[13] Klemp, Vernichtung, 42ff.

## Militarisierung der Ordnungspolizei

Durch Runderlass des preußischen Innenministers, Hermann Göring, vom 26.März 1933 wurde wenige Monate nach Regierungsantritt der Nationalsozialisten damit begonnen in den Ländern des Reichs „Landespolizeiinspektionen" zu errichten.[14] Diese dienten spätestens ab einer Verfügung vom 15. November gleichen Jahres, durch Reichsinnenminister Wilhelm Frick als „Reichs-Zwischenbefehlsstelle", was wiederum ein Beleg für die oben bereits erwähnte Kompetenzverlagerung auf das Reich ist.[15]

Auch optisch wollte man rasch Zeichen setzen und so kündigte man bereits im April 1933 eine gänzlich neue Uniformierung der Polizeitruppen an. Bis zur flächendeckenden Umsetzung dauerte es zwar, doch erste Polizeigruppen waren schon im Sommer "33 in den neuen, der Wehrmacht ähnlichen Uniformen in hellgrün bzw. feldgrau gekleidet und trugen auf ihren Helmen bzw. Tschakos statt dem Polizeistern und Wappen der Länder nunmehr den Reichsadler mitsamt Hakenkreuz zur Schau.[16]

Hermann Göring verfügte am 17.1.1934, dass 15 Kommandeure der Ausbildungsleitung ernannt werden sollten, welche im Mobilmachungsfall als Regimentskommandeure fungieren würden.
Durch Erlass des Reichswehrministers, General Werner von Blomberg, vom 8.2.1934 unterstehen fortan im Kriegsfall alle Landespolizeikräfte dem Befehl der Heeresleitung.[17]

Am 9.3.1934 überträgt Hermann Göring die Leitung der preußischen Landespolizei an den Kommissar z.b.V. (zur besonderen Verwendung) Kurt Daluege, welcher fortan Chef der Schutzpolizei bzw. General der Landespolizei wird.[18]

Am 1. Oktober 1934 wurde die Polizei in „Landespolizei-Gruppen" strukturiert, welche im Aufbau Infanterie-Regimentern entsprachen.
Nach der Vereinigung des preußischen Innenministeriums mit dem Reichsministerium des Inneren am 1. November 1934, liegt die Befehlsgewalt beim General der Landespolizei Kurt Daluege und seinem „Reichsstab der Landespolizei".[19]

---

[14] Wilhelm, Polizei im NS-Staat, S. 66f.
[15] Ebd. S. 67f.; dazu: Deppisch, Täter auf der Schulbank, S. 67.
[16] Ebd. S. 67 u. 77f.
[17] Ebd. S. 68.
[18] Ebd. S. 68; dazu: Bollmann, Die Deutsche Polizei im Nationalsozialismus, 3. Reichsführer SS und Chef der Deutschen Polizei u. 4. Das Reichssicherheitshauptamt und das Hauptamt der Ordnungspolizei.
[19] Ebd. S. 69.

Am 16. März 1935 erfolgt die Wiedereinführung der allgemeinen Wehrpflicht und kurz darauf am 21.3 ordnet Hitler die Unterstellung des Reichsstabes unter den Chef der Heeresleitung, General Werner Freiherr von Fritsch, an.[20]

Durch das „Gesetz über die Eingliederung der Landespolizei in die Wehrmacht" vom 3.7.1935, erfolgte am 1. Oktober 1935 schließlich die Eingliederung der Landespolizeitruppen in das Heer (bzw. die Luftwaffe betreffend die 3 Landespolizeigruppen „General Göring"). Davon ausgenommen waren (aus außenpolitischen/taktischen Gründen) lediglich die Polizeiverbände der entmilitarisierten Zone, welche weiterhin der Landespolizeiinspektion West bzw. Südwest unterstellt waren. Im Kriegsfall unterstanden sie, durch den im Februar ergangenen Befehl, dennoch der Heeresleitung und mit der Besetzung der entmilitarisierten Zone am 7. März 1936, wurden schließlich auch jene Polizeiverbände in die Wehrmachtstruppen eingegliedert.[21] Hierdurch wurden circa 56.000 Mann in die Wehrmacht überführt, Kapazitäten, welche nunmehr bei der regulären Landes- bzw. Schutzpolizei fehlten, was wiederum zur Folge hatte, dass entsprechend Nachwuchs im Eilverfahren rekrutiert und ausgebildet werden mussten. So verkürzte sich etwa die Ausbildungsdauer um ein Jahr, senkte das Mindesteintrittsalter, ebenso machte man mitunter die Ausbildung zum Polizisten quasi nebenberuflich in der Abendschule oder rechnete die Polizeiausbildung als Ableistung des regulären Wehrdiensts an. Auch die Zusammenlegung österreichischer & deutsche Polizeikräfte war, wie geheime Dokumente Himmlers belegen, von langer Hand geplant.

Auch diese Kräfte wurden zu Kriegsbeginn in Reserve-Polizei-Bataillone umgewandelt und kaserniert.

Insgesamt zählte die Ordnungspolizei im August 1939 circa 131.000 Mann. Nach der Mobilmachung bzw. dem Angriff auf Polen sprach Kurt Daluege am 20. August des darauffolgenden Jahres von einer Mannstärke von insgesamt 244.500 Männern im Dienste der Ordnungspolizei.[22]

Nachdem nun bereits deutlich wurde, dass die Polizei weitestgehend militärischen Charakter hatte und im Zuge der eifrigen Umstrukturierung einige Unklarheiten bzgl. der Kompetenzverteilung hinsichtlich der Befehlsgewalt über die Polizeikräfte herrschten (auf

---

[20] Wilhelm, Polizei im NS-Staat, S. 69f.; dazu: Deppisch, Täter auf der Schulbank, S. 160.
[21] Lichtenstein, Himmlers Helfer, S. 72f.; dazu: Deppisch, Täter auf der Schulbank, S. 158; dazu: Wilhelm, Polizei im NS-Staat, 69f.; dazu: Tessin, Truppeneinheiten der Ordnungspolizei, Teil II S. 19.
[22] Goldhagen, Hitlers willige Vollstrecker, S. 219ff.; dazu: Lichtenstein, Himmlers Helfer, S. 23; dazu: Browning, Ganz normale Männer, S. 25ff.; dazu: Kopitzsch, Hamburger Polizeibataillone, S. 256f.

deren Klärung in dieser Hausarbeit nicht weiter eingegangen werden soll),[23] ist es als nächstes wichtig zu untersuchen welche Gesinnung die Polizeitruppe hatte bzw. welche Gesinnung seitens des NS-Staates erwünscht war.

## *Ideologische Schulung innerhalb der Ordnungspolizei*

Zur Bestimmung der staatlich geförderten/geforderten Ideologie innerhalb der Reihen der Polizei, werden im Folgenden einige Texte untersucht, welche die Vorstellungen einflussreicher Nazigrößen des Innenministeriums bzw. der deutschen Polizei schildern, als auch die Erfahrungsberichte von Zeitzeugen jener Zeit.

So war es der Reichsinnenminister Wilhelm Frick, welcher im Januar 1935 ein Grundsatzprogramm für das Betragen der Polizei veröffentlichte. Darin finden sich u.a. die Punkte:

I.     Halte Deinen Eid in voller Treue und ganzer Hingabe an Führer, Volk und Vaterland.

III.   Sei aufmerksam und verschwiegen in dienstlichen Dingen, mutig und selbstbewußt, aber gerecht, rücksichtslos im Kampf gegen alle Feinde des Volkes und Staates.

VIII.  Sei gehorsam Deinen Vorgesetzten, ein Vorbild Deinen Untergebenen, halte Manneszucht und pflege Kameradschaft.[24]

Obgleich dies harmloser erscheinen mag als andere Schriftzeugnisse, die man heutzutage im Zusammenhang mit dem NS-Regime kennt, lassen diese Verhaltensregeln doch gerade in Verbindung mit den ihnen nachfolgenden historischen, tragischen Entwicklungen einen Rückschluss auf ihre Intention erkennen.

- Sie zeugen von einer Treue dem „Führer" gegenüber (zumal ab 1934 Beamte, wie auch Wehrmachtsangehörige ohnehin den „Führereid" zu leisten hatten).
- Stehen überdies für eine streng hierarchischen Struktur (angelehnt an das System der SS), in der Gehorsam noch über der heute in Beamtenkreisen selbstverständlichen (Grund-)Gesetzestreue standen.
- Ebenso wurde absolute Härte, wortwörtlich „Rücksichtslosigkeit" im Kampf gegen alle Feinde des Volkes und Staates erwartet, eine Einschätzung die, wie man weiß, zu Zeiten der Naziherrschaft sehr willkürlich und oft gegen völlig unschuldige Menschen

---

[23] Bollmann, Die Deutsche Polizei im Nationalsozialismus, 5. Höhere SS- und Polizeiführer, Einsatzgruppen und Bataillone der Ordnungspolizei.
[24] Wilhelm, Polizei im NS-Staat, S. 62.

11

ausgesprochen wurde. Hiervon zeugt auch der sogenannte Schießerlass vom 17.2.1933 welcher Polizisten, welche beim Schusswaffengebrauch gegen deklarierte Staatsfeinde Straffreiheit garantierte.[25]

Deutlicher noch wird es, wenn man sich abseits dieser generellen Weisung Wilhelm Fricks mit der Berufswirklichkeit, speziell der Aus- und Weiterbildung der Polizeibeamten im NS-Staat, befasst.

So ist es selbstverständlich, dass schon lange vor der Machtergreifung Personen, die mit der NS-Ideologie sympathisierten, eine Karriere im Polizeidienst anstrebten und dort keinen Hehl aus ihrer Gesinnung machten und so zumindest ein regelmäßiger Austausch, wenn nicht gar Beeinflussung der Kollegen, stattgefunden haben wird.[26]

Dann ab 1933 schließlich wurde der „Kameradschaftsbund Deutscher Polizeibeamter" gegründet, welcher seither als Einheitsgewerkschaft für alle deutschen Polizisten fungierte. Diese Gewerkschaft organisierte uneinheitlich klar ideologisch ausgerichtete Schulungen, für die einzelnen Polizei-Ortsgruppen. Darüber hinaus veröffentlichte sie die ideologisch geprägte Verbandszeitschrift „Der Deutsche Polizeibeamte" (ab 1938 „Die Deutsche Polizei"). Auch größere Lehrgänge wurden allwinterlich im Polizeihaus Kurmark in Babelsberg abgehalten, zu denen sich etwa 300 Ortsgruppen für 2 Wochen zu weltanschaulichen Schulungslehrgängen trafen. Themen waren hier etwa: „Der Weg des deutschen Arbeiters", „Die Notwendigkeit und Grundlage des Rassewesens" sowie „Arbeitsdienst als Schule der deutschen Volksgemeinschaft und des Nationalsozialismus der Tat", eingerahmt in ein Sport- und Eventprogramm für die Beamten.[27]

Kurt Daluege, Chef der Ordnungspolizei, ließ verlauten, dass die Beamten sich auch nebst weltanschaulichen Kursen selbstständig weiterbilden sollten. Zu diesem Zwecke sollten sie täglich den Völkischen Beobachter oder eine nationalsozialistische Lokalzeitung lesen und er wünsche insbesondre, dass die Vorgesetzten hier mit gutem Beispiel für ihre Untergebenen vorangingen (hier zur Erinnerung: Die Führungsebenen der Polizei waren seit '33 in großen Teilen durchdrungen von NS-Schergen).[28]

---

[25] Bollmann, Die Deutsche Polizei im Nationalsozialismus, 1. Infiltration und Machtübernahme.
[26] Deppisch, Täter auf der Schulbank, S. 151.
[27] Ebd. S. 150ff.; dazu: Wilhelm, Polizei im NS-Staat S. 63ff.
[28] Ebd. S. 152.

Zum 15. April 1937 schließlich war es Heinrich Himmler, welcher offiziell eine weltanschauliche Schulung der Polizei, durchgeführt vom Rasse- und Siedlungshauptamtes der SS, anordnete. Fortan standen wöchentliche mehrere Stunden Ausbildung dieser Art für Ausbildungshundertschaften auf dem Plan (deutlich weniger bei der Gendarmerie). Nochmals verschärft wurde diese weltanschauliche Schulung dann nach einem Erlass Dalueges vom 2. Juni 1940, in dem er „Richtlinien für die Durchführung der weltanschaulichen Schulung der Ordnungspolizei während der Kriegszeit" festlegte, da man den Kriegseinsatz als Härtetest für die ideologische Reife der (Polizei-)Truppen betrachtete.[29]

Generell hegte Himmler als Chef der Deutschen Polizei offenkundig, bereits seit Mitte der 1930er Jahre den Wunsch, dass sämtliche neuen Offiziere der Polizei ausschließlich aus den Reihen der SS stammten. Ab dem 31.3.1939 wurde eine offizielle Tauglichkeitsprüfung (für die Aufnahme in die SS) verpflichtend für alle Bewerber (wobei die Durchführung während des Krieges nicht flächendeckend erfolgte).[30]

Auch umgekehrt war es so, dass exemplarisch in den Jahren 1936-1938 rund 20-40% der SS-Absolventen in den Polizeidienst eintraten und dort nicht selten als Offiziere dienten, ohne zuvor je eine polizeiliche Schulung erhalten zu haben.[31]

Nachdem nun aufgezeigt wurde, welche ideologischen Ansprüche und Vorbereitungsmaßnahmen innerhalb der Ordnungspolizei herrschten, soll es zum Abschluss der Betrachtung um die praktische Arbeit bzw. Beteiligung an Kriegsverbrechen durch die Ordnungspolizei gehen.

## Von Menschen und Mördern

Im Folgenden geht es um den Bericht eines der unzähligen Verbrechen, welches Daniel Jonah Goldhagen in seinem Werk „Hitlers willige Vollstrecker – Ganz gewöhnliche Deutsche und der Holocaust" schildert und damit einige, seiner Meinung nach, sehr typische Merkmale für die verbrecherischen Taten, die durch die Ordnungspolizei begangen wurden, aufzeigt.

---

[29] Deppisch, Täter auf der Schulbank, S. 153ff.
[30] Wilhelm, Polizei im NS-Staat, S. 75; dazu: Dams/Dönecke, erstklassige Truppe?, S. 235f.
[31] Deppisch, Täter auf der Schulbank, S. 164.

Es ist der 27.6.1941, Bialystok östliches Polen (seit der Übergabe am 22.9.39 jedoch offiziell Teil der Sowjetunion). Vor 5 Tagen startete der Angriff auf die Sowjetunion und es sind wieder deutsche Truppen, welche sich daran machen die Stadt zu überfallen.[32]

Auf Befehl des Bataillonskommandanten, Major Ernst Weis machen sich Offiziere und Mannschafter des 309. Polizeibataillons daran „das jüdische Wohnviertel zu durchkämmen und männliche Bewohner zusammenzutreiben", so die offizielle Order.

Augenzeugen schildern das, was folgt als Massaker, in dessen Folge schlussendlich 2000 tote Juden überall auf den Straßen verteilt sind und die große Synagoge der Stadt in Flammen aufging. Polizisten sollen unmittelbar nach ihrer Ankunft mit wilden Schießereien begonnen haben, teils um die Bevölkerung aufzuschrecken, teils um willkürlich auf Menschen oder deren Häuser & Wohnungen zu schießen. Es gab Szenen, in denen verängstigte Menschen aus ihren Häusern spähten und daraufhin gezielt erschossen wurden. Demütigende Tanzeinlagen bei denen jüdische Menschen selbst in Anwesenheit hoher Generäle gedemütigt, verspottet und gefoltert wurden.

Es wurde in Krankenhäuser eingedrungen, um gezielt nach Menschen jüdischen Glaubens zu suchen und diese zu erschießen.

Man trieb die verzweifelten Menschen schneller in Richtung des Marktplatzes, als man sie dort erschießen konnte und so fassten die Täter, gekleidet in uniformen deutscher Ordnungshüter, den Entschluss, die Menschen in die nahe Synagoge zu treiben und dort mitsamt dem Bauwerk, als Symbol ihres jüdischen Glaubens, einzusperren und zu verbrennen.[33]

Er zeigt anhand dieses Vorfalls deutlich, dass es oftmals keiner direkten Order bedurfte damit die Polizisten zu Tätern wurden. Ebenso wird die absolute Willkür bei der Ermordung jüdischer Menschen herausgestellt und die Tatsache, dass bei manchen Tätern regelrechte Freude an ihrem Tun bestand, als sie die wehrlosen Menschen noch zusätzlich demütigten oder verspotteten sowie mit einer fanatischen Hingabe selbst Jagd auf solche Menschen (Alte & Kranke) machten, von denen objektiv betrachtet wirklich keinerlei Bedrohung ausgehen konnte.

Im gleichen Werk findet sich hierzu die Aussage des Kurt Möbius vom 9.11.1961, welcher seinerzeit als Angehöriger eines Polizeibataillons im KZ Chelmo/Kulmhof seinen Dienst tat.

---

[32] Lichtenstein, Himmlers Helfer, S. 32; dazu: Goldhagen, Hitlers willige Vollstrecker, S. 225; dazu: Curilla, Ordnungspolizei im westlichen Europa, S. 729.
[33] Goldhagen, Hitlers willige Vollstrecker, S. 226ff.; dazu: Lichtenstein, Himmlers Helfer, S. 69ff.; dazu: Curilla, Judenmord, S. 237ff.

*„Ich will damit sagen, dass ich gar nicht daran gedacht habe, dass diese Befehle Unrecht sein könnten.*
*Ich weiss zwar, dass die Polizei auch die Aufgabe hat, Unschuldige zu schützen, doch war ich damals*
*der Überzeugung, dass die jüdischen Menschen nicht unschuldig, sondern schuldig seien. Ich habe der*
*Propaganda, dass sie die Ursache für den Niedergang Deutschlands nach dem Ersten Weltkrieg seien,*
*geglaubt. Mir ist also der Gedanke, dass man sich dem Befehl zur Mitwirkung an der Vernichtung der*
*Juden widersetzen oder entziehen sollte, gar nicht gekommen. Ich habe diese Befehle befolgt, weil sie*
*von der obersten Staatsführung kamen und nicht deshalb, weil ich etwa Angst hatte"[34]*

Diese scheint in der Weise besonders zu sein, da sie (auch aus Sicht Goldhagens) exemplarisch
für die geistige Haltung der Täter jener Zeit ist. Diese waren sich durchaus im Klaren, dass sie
schlimme Gräueltaten gegen die jüdische Bevölkerung verrichteten. Doch erfolgte eine
umfassende ideologische Legitimation welche, laut Möbius, auf die Propaganda (anzunehmen
die gesamte Propaganda, nicht explizit jene im Polizeidienst) zurückgeht. Gleichsam wurde die
Verantwortung für die Taten an die Vorgesetzten, letztlich bis an die oberste Staatsführung
weitergegeben und die Angst vor Sanktionierung (bei Befehlsverweigerung), welche nach dem
2. Weltkrieg häufig vor Gericht angeführt wurde, scheint zumindest bei Möbius keine Rolle
gespielt zu haben.

Überhaupt ist Angst vor Repressionen eine reichlich schwache, wenngleich nach dem Krieg oft
bemühte Rechtfertigung für die Ermordung von Juden, denn selbst in Bataillonen die
zweifelsfrei regelmäßig an solcherlei Verbrechen beteiligt waren, wie dem „Mord-Bataillon"
101, gibt es Berichte von Polizisten, welche um Freistellung baten, ja sogar explizit 24 Stunden
vor dem Einsatz, von Bataillonschef Major Wilhelm Trapp zusammengerufen und danach
befragt wurden, wer kommenden „Exekutionskommandos" fern bleiben wolle. Auch Stefan
Klemp schildert, dass die „Landesjustizverwaltungen zur Aufklärung von NS-Verbrechen in
Ludwigsburg [...] bis heute trotz intensivster Recherchen nicht auf einen einzigen Fall gestoßen
(seien), in dem jemand wegen der Verweigerung eines offensichtlich verbrecherischen Befehls
während der Nazizeit zur Rechenschaft gezogen worden wäre".[35]

Analog zu den Ausführungen Goldhagens schildert Klemp in seinem Buch „Vernichtung, Die
deutsche Ordnungspolizei und der Judenmord im Warschauer Ghetto" eine ausgeprägte
„Mordkultur" innerhalb der Polizeitruppen.
So gaben sich die Männer selbst furchterregende Namen wie etwa „Judenfeind Nr.1",
„Frankenstein", „Der Töter" oder „Totenkopfjäger" und zelebrierten die Ermordung

---

[34] Goldhagen, Hitlers willige Vollstrecker, S. 217.
[35] Klemp, Freispruch, S. 72f. u. 113f.; dazu: Goldhagen, Hitlers willige Vollstrecker, S. 263f.; dazu:
Lichtenstein, Himmlers Helfer, S. 7 u. 156ff.

unschuldiger Bürger, indem interne Strichlisten & Wettkämpfe über die Erschießungen durch einzelne Beamten, z.B. in einschlägigen Wirtshäusern, geführt wurden.[36]

Auch liefern Autoren wie Klemp, Goldhagen, Curilla und Browning in ihren Texten ausgeprägte Schilderungen zu einzelnen, an Kriegsverbrechen beteiligten, Polizeibataillonen samt ihren Kommandeuren.

So etwa die 1. Kompanie des Reserve-Polizeibataillons 61, unter dem Kommando von Hans Kärgel, die 3. Kompanie desselben Bataillons, unter der Leitung des „Judenhassers" Erich Mehr, das Polizeibataillon 304, unter Karl Deckert, das Bataillon 308 unter Hans Fleckner.[37]

Hier zeichnet Klemp ganz klar ein Bild von Überzeugungstätern, wobei es Klemp dennoch ein Anliegen ist zwischen den Beamten zu differenzieren. Klemp kommt hierbei zu der Einschätzung, dass man die Beamten in 5 unterschiedliche Typen kategorisieren kann.[38]

1. Diejenigen Täter, welche auf eigene Initiative, auch außerhalb ihrer dienstlichen Tätigkeiten, mordeten.

2. Die Täter, welche sich freiwillig zur Durchführung von Ermordungsaktionen meldeten

3. Die Täter, welche gehorsam, wenn auch vielleicht nicht auf eigenen Wunsch, an Massenexekutionen o.Ä. teilnahmen

4. Die Polizisten, welche den Gehorsam verweigerten und keine Schuld an der Ermordung unschuldiger tragen wollten, Klemp schätzt nach seinen umfassenden Untersuchungen diese Gruppe auf deutlich unter 20% ein.

5. Zu guter Letzt diejenigen, welche sich durch Entlassung aus dem Polizeidienst oder seltener durch Desertion oder gar Suizid der Teilhabe an solch grausamen Kriegsverbrechen entzogen.

Es waren jedoch nicht nur die Gewaltorgien und direkten Ermordungen durch Ordnungspolizisten, welche zu den hier betrachteten Kriegsverbrechen zählen. So liefern Wolfgang Curilla und Stefan Klemp separat überzeugende Schilderungen, welche nahe legen, dass auch das Zusammentreiben von Juden zum Zwecke der Deportation, die Bewachung von, für den Abtransport der Juden, gedachten Zügen oder auch die Wache bei dem KZ Gelände selbst, konsequenterweise ebenfalls als Beihilfe zum Mord gewertet werden muss.[39]

---

[36] Klemp, Vernichtung, S. 8ff.
[37] Klemp, Vernichtung, S. 33ff. u. 99ff.; dazu: Curilla, Ordnungspolizei im westlichen Europa, S 645ff.; dazu: Kopitzsch, Hamburger Polizeibataillone, S. 247ff.
[38] Klemp, Vernichtung, S. 13f.
[39] Ebd. S. 52f.; dazu: Curilla, Ordnungspolizei im westlichen Europa, 699.

So zeigt Curilla in seinem Werk „Die deutsche Ordnungspolizei im westlichen Europa 1940-1945" ganz klar, dass sich die Gräueltaten nicht allein auf den Ostfeldzug beschränkten und keineswegs ausschließlich mit der Rasseideologie der Nazis zu erklären ist. Zwar hatte das Vorgehen der Ordnungspolizei eine andere Qualität als im Osten, so gab es keine riesigen Massenexekutionen von Juden, keine derart strenge Ghettoisierung von Juden und kein in der Folge vorkommendes gezieltes Aushungern, dennoch stellt Curilla fest, dass gut die Hälfte der im westlichen Europa agierenden Polizeitruppen sich der Ermordung von Zivilisten schuldig gemacht haben. Angeführt werden hier detaillierte, quantifizierte Berichte für nahezu 30 verschiedene Polizeiregimenter bzw. Bataillone aus Norwegen, Dänemark, den Niederlanden, Belgien, Luxemburg, Frankreich sowie Italien sowie Gebiete im Osten Deutschlands.[40]

Nicht selten kam es vor, dass Regimenter, welche zunächst im Westen Europas eingesetzt wurden, später auch im Osten zum Einsatz kamen. Wolfgang Curilla hat hier die hoch komplexe Aufgabe übernommen, festzustellen, ob die verschiedenen (und regelmäßig umbenannten oder neu formierten) Truppenverbände sich im Westen zunächst radikalisierten und dann im Osten ihre Gewaltfantasien verwirklicht hätten oder auch ob es zutrifft, dass bestimmte Regimenter hinsichtlich ihres Heimatstandortes im Reich gewaltbereiter waren als andere, doch als Ergebnis dieser Untersuchung kommt Curilla zu dem Schluss, dass keine solchen Tendenzen hinsichtlich dieser temporalen bzw. regionalen Faktoren zu beobachten sind.[41]

Alles in allem standen nach 6 Jahren Krieg mehrere hunderttausende Tote durch das Handeln (oder Unterlassen) deutscher Polizisten überall auf dem europäischen Kontinent.[42]

---

[40] Curilla, Ordnungspolizei im westlichen Europa, 699ff., 729ff. u. S. 650f.; dazu: Curilla, Judenmord, S. 833ff.; dazu: Klemp, Freispruch, S. 111.
[41] Curilla, Ordnungspolizei im westlichen Europa, S. 732ff.
[42] Lichtenstein, Himmlers Helfer, S. 30; dazu: Deppisch, Täter auf der Schulbank, S. 71ff.; dazu: Köhler, Feuerwehr, S. 50ff.

# Fazit

Nun, nachdem Aufbau der Polizei, deren Ideologisierung, die Militarisierung und Beispiele für mit Kriegsverbrechen belastete Polizeibataillone quer in Europa aufgezeigt wurden, ist es Zeit für ein abschließendes Resümee hinsichtlich der Schuldfrage.

Hier denke ich hat Christoph R. Browning in seinem Buch mit dem Titel „Ganz normale Männer" eine gute Erklärung zur Motivation der Täter geliefert, in dem er als ursächlich beschreibt: Die Brutalisierung in Kriegszeiten, Rassismus, arbeitsteiliges Vorgehen verbunden mit wachsender Routine, besondere Selektion der Täter, Karrierismus, blinder Gehorsam und Autoritätsgläubigkeit, ideologische Indoktrinierung und Anpassung.[43]

Diese multikausale Betrachtung fängt die Gründe für die Beteiligung jener deutschen Polizeibeamten damaliger Zeit an den Kriegsverbrechen perfekt ein und zeigt sie als das, was sie letztlich sind. Normale Männer, die aus einer Vielzahl von Gründen, zumeist freiwillig, zu Mördern wurden.

Nach allem was man weiß, sind mindestens die Hälfte der Polizeibataillone an entsprechenden Mordaktionen beteiligt gewesen und dies mit erschreckender Regelmäßigkeit.[44] Sicherlich tragen nicht alle Einheiten den Makel der Mordbeteiligung mit sich, doch ihrem Aufbau und der ideologische Verfassung nach unterscheidet sie Nichts von jenen Truppenverbänden, die letztlich die Mordkomplotte des NS-Regimes in die Tat umsetzten.[45]

Aus diesem Grunde scheint es gerechtfertigt der Ordnungspolizei als Institution eine signifikante Mitschuld an den Kriegsverbrechen des 2. Weltkriegs zu attestieren auch ohne, dass die Männer, welche damals die Uniform anlegten, explizit mit dem Ziel ausgebildet wurden selbst zu Mördern zu werden.

---

[43] Browning, Ganz normale Männer, S. 208ff.; dazu: Goldhagen, Hitlers willige Vollstrecker, S. 285ff.; dazu: Kopitzsch, Hamburger Polizeibataillone, S. 263ff.; dazu Browning, Täter des Holocaust, S. 148ff.
[44] Curilla, Ordnungspolizei im westlichen Europa, S. 710; dazu: Klemp, Freispruch, S. 111ff.
[45] Curilla, Ordnungspolizei im westlichen Europa, S. 710; dazu: Bronst, Polizeibataillon 101 - wenn normale Männer töten.

18

# Literaturverzeichnis

Bollmann, Michael, Zukunft braucht Erinnerung. Die Deutsche Polizei im Nationalsozialismus (29.10.2011), URL: https://www.zukunft-braucht-erinnerung.de/die-deutsche-polizei-im-nationalsozialismus (Stand: 04.09.2020).

Bronst, Sebastian, Hamburger Abendblatt. Polizeibataillon 101 - wenn normale Männer töten (16.08.2012), URL: https://www.abendblatt.de/hamburg/article108727159/Polizeibataillon-101-wenn-normale-Maenner-toeten.html (Stand 04.09.2020).

Browning, Christopher R., Die Debatte über die Täter des Holocaust, in: Nationalsozialistische Vernichtungspolitik 1939-1945: Neue Forschungen und Kontroversen, hg. von Ullrich Herbert, Frankfurt a.M. 1998, S. 148-169.

Browning, Christopher R., Ganz normale Männer : das Reserve-Polizeibataillon 101 und die „Endlösung" in Polen, Hamburg 2020.

Curilla, Wolfgang, Der Judenmord in Polen und die deutsche Ordnungspolizei 1939-1945, Paderborn 2011.

Curilla, Wolfgang, Die deutsche Ordnungspolizei im westlichen Europa 1940-1945, Paderborn 2020.

Dams, Carsten/ Dönecke, Klaus, Eine erstklassige Truppe? Die Offiziere der Düsseldorfer Schutzpolizei im Nationalsozialismus, in: Dienst am Volk?" : Düsseldorfer Polizisten zwischen Demokratie und Diktatur, hg. von Thomas Köhler, Frankfurt a.M. 2007, S. 235-258.

Dams, Carsten/ Köhler, Thomas, Die Düsseldorfer Polizei im Spannungsfeld der Umbrüche 1919 bis 1949, in: Dienst am Volk?" : Düsseldorfer Polizisten zwischen Demokratie und Diktatur, hg. von Thomas Köhler, Frankfurt a.M. 2007, S. 13-54.

Deppisch, Sven, Täter auf der Schulbank : Die Offiziersausbildung der Ordnungspolizei und der Holocaust, Baden-Baden 2017.

Diercks, Herbert: Die Hamburger Ordnungs- und Schutzpolizei 1933 bis 1945, in: Polizei, Verfolgung und Gesellschaft im Nationalsozialismus, hg. von Herbert Diercks, Bremen 2013, S. 24-39.

Goldhagen, Daniel Jonah, Hitlers willige Vollstrecker : ganz gewöhnliche Deutsche und der Holocaust, Berlin 1996.

Klemp, Stefan, Freispruch für das „Mord-Bataillon" : die NS-Ordnungspolizei und die Nachkriegsjustiz, Münster 1998.

Klemp, Stefan, Vernichtung : Die deutsche Ordnungspolizei und der Judenmord im Warschauer Ghetto 1940 – 43, Münster 2013.

Köhler, Thomas, „Mama, wieso löscht die Feuerwehr denn nicht?", in: Polizei, Verfolgung und Gesellschaft im Nationalsozialismus, hg. von Herbert Diercks, Bremen 2013, S. 50-60.

Kopitzsch, Wolfgang: Bandenbekämpfung, Geiselerschießungen, Umsiedlungen, Endlösung - Hamburger Polizeibataillone im Zweiten Weltkrieg, in: Täter und Opfer unter dem Hakenkreuz, hg. von Freundeskreis zur Unterstützung der Polizei Schleswig-Holstein, Kiel 2001, S. 247–273.

Lichtenstein, Heiner, Himmlers grüne Helfer : Die Schutz- und Ordnungspolizei im „Dritten Reich", Köln 1990.

Neufeldt, Hans-Joachim, Entstehung und Organisation des Hauptamtes Ordnungspolizei, in: Zur Geschichte der Ordnungspolizei 1936 – 1945, hg. von H.J. Neufeldt, J. Huch, G. Tessin, Koblenz 1957, Teil I S. 1-116.

Tessin, Georg, Die Stäbe und Truppeneinheiten der Ordnungspolizei, in: Zur Geschichte der Ordnungspolizei 1936 – 1945, hg. von H.J. Neufeldt, J. Huch, G. Tessin, Koblenz 1957, Teil II 1-110.

Wilhelm, Friedrich, Die Polizei im NS-Staat, Paderborn 1997.

# BEI GRIN MACHT SICH IHR WISSEN BEZAHLT

- Wir veröffentlichen Ihre Hausarbeit,
  Bachelor- und Masterarbeit

- Ihr eigenes eBook und Buch -
  weltweit in allen wichtigen Shops

- Verdienen Sie an jedem Verkauf

## Jetzt bei www.GRIN.com hochladen und kostenlos publizieren